AF542257

# HELLÉ,

## TRAGÉDIE-LYRIQUE,

### EN TROIS ACTES,

REPRÉSENTÉE

*POUR LA PREMIERE FOIS,*

PAR L'ACADÉMIE-ROYALE

*DE MUSIQUE,*

Le Dimanche 3 Janvier 1779.

PRIX XXX SOLS.

*AUX DÉPENS DE L'ACADÉMIE.*

De l'Imprimerie de P. DE LORMEL, Imprimeur de ladite Académie, rue du Foin Saint-Jacques, à l'Image Sainte Genevieve.

*On trouvera des Exemplaires du Poëme à la Salle de l'Opéra.*

M. DCC. LXXIX.

*AVEC APPROBATION ET PRIVILEGE DU ROI.*

Le Poëme eſt de M.

La Muſique eſt de M. FLOQUET.

# ACTEURS ET ACTRICES
## *CHANTANTS DANS LES CHŒURS.*

| Côté de la Reine. | | Côté du Roi. | |
|---|---|---|---|
| *Mesdemoiselles.* | *Messieurs.* | *Mesdemoiselles.* | *Messieurs.* |
| d'Agée. | Candeille. | Dubuisson. | Héri. |
| des Rosières. | Larlat. | d'Hautrive. | Lagier. |
| Chenais. | Tourcati. | Veron. | Martin. |
| Constance. | Capoi. | Garrus. | le Grand. |
| Thaunat. | Hilden. | Rouxelin. | Vanhecke. |
| Laurence. | Méon. | Dussée. | Tourillon. |
| Paris. | Cleret. | Sanctus. | Boi. |
| Lamboley. | Baillon. | St. Aubin. | Huet. |
| Gavaudan.c. | Fagnan. | Prévot. | Itasse. |
| Isidore. | Tacusset. | Adélaïde. | Jouve. |
| Eugénie. | de Lori. | Brocard. | Moulin. |
| | Joinville. | | Bouvart. |
| | | | Nérat. |
| | | | Boulanger. |

# ACTEURS.

INO, *Reine de Thebes*, Mlle Duplant.

HELLÉ, *Princesse de Colchos*, Mlle la Guerre.

NEPTUNE, *sous le nom d'ARSAME*, Mr. le Gros.

ELPHÉNOR, *Magicien*, Mr. Durand.

ISMENE, *Confidente d'INO*, Mlle Chateauvieux.

IPHISE, *Confidente d'HELLÉ*, Mlle le Bourgeois.

LA VENGEANCE, Mr. Peré.

PEUPLES THÉBAINS.

GUERRIERS.

DÉMONS.

BERGERS.

TRITONS ET NAYADES.

*La Scêne est à THEBES.*

# PERSONNAGES DANSANTS.

## ACTE PREMIER.

### *GUERRIERS THÉBAINS.*

M. Gardel, l.

Mlles. Heynel, Théodore.

Mlle Dorival.

M. Nivelon.

Mrs. le Doux, le Breton, Simonet, Olivier.

Mlles. Bigotini, Auguste, Saulnier, Courtois, c.

Mrs. Hennequin, l., Desplaces, Duchaîne, Henri, Rivet, Dangui, Aubry, Clergé, Desbordes, le Roi, 1er., Gricourt, Perolle.

Mlles. Martin, Jonveau, le Houx, Lablottiere, Puisieux, Camille, Tiery, Gobert, Dauvilliers, Durare, Rey.

## ACTE SECOND.

### *PLAISIRS.*

M. Vestris, p. Mlles. Guimard.

Mrs. Barré, Caster.

Mlles. Victoire, Coulon.

Mrs. Giguet, Hennequin, c., Duffel, Largilliere, Clergé, Delahaye, Pladix, Guillet.

Mlles. Henriette, Carré, Courtois, l., Vilette, Thiste, Elize, Thiery, Camille.

## ACTE TROISIEME.

### *TRITONS & DRIADES.*

M. VESTRIS, f.

Mrs LEGER, ABRAHAM.

Mlles. BIGOTINI, AUGUSTE.

Mrs. Desplaces, Caster, Delahaye, Duchaîne, le Bel, Clergé.

Mlles. Aubert, Puisieux, Henriette, le Houx, Dauvillier, la Blottiere.

Mr. DAUBERVAL.

Mlles. ALLARD, PESLIN.

Mrs. Barré, Olivier.

Mlles. Victoire, Coulon.

Mrs. Giguet, Hennequin, c.

Mlles. Thiste, Carré.

# HELLÉ,

## *TRAGÉDIE-LYRIQUE.*

## ACTE PREMIER.

*Le Théâtre represente une Place Publique, ornée d'Arcs de triomphe.*

### SCÊNE PREMIERE.

INO, ISMENE.

*INO.*

NE suis point mes pas, chere Isméne.
Ah! laisse-moi, je ne me connois plus.

Ta douleur augmente ma peine ;
Ah ! laiſſe-moi, tes ſoins ſont ſuperflus.

*ISMENE.*

Votre douleur me déſeſpere :
Moi, vous laiſſer ! ah ! ne le croyez pas !
Ecoûtez un avis ſincere.
Moi, vous laiſſer ! je ſuis par tout vos pas.
Que les douceurs de l'eſpérance
Éloignent de vous le malheur.

*INO.*

Je vais chercher dans la vengeance,
Tous mes plaiſirs, tout mon bonheur.

*ISMENE.*

Enfin, après deux ans d'abſence,
Arſame arrive ; il eſt vainqueur.

*INO.*

Tu nommes l'ingrat qui m'offenſe,
Tu me rends toute ma fureur.

*ENSEMBLE.*

| ISMENE. | INO. |
|---|---|
| Que les douceurs de l'eſpérance,<br>Eloignent de vous le malheur. | Je vais chercher, dans la vengeance,<br>Tous mes plaiſirs, tout mon bonheur. |

*INO*

*INO, à part.*

Frémis de mon courroux, trop ſuperbe rivale.
(*à* ISMÉNE)
Il t'aime... tu mourras. Les apprêts de ces lieux
Annoncent de ce jour la pompe triomphale;
Et j'ai voulu qu'Hellé préſidât à ces jeux
Pour rendre cette fête à ſon amour fatale,
Et confondre à jamais ſon eſpoir & ſes vœux.

*ISMENE.*

Reine, ſongez plutôt qu'ici tout vous comtemple.
Surmontez ce courroux par un ſublime effort :
A l'Univers donnez un grand exemple.

*INO.*

Iſméne, il n'eſt plus temps; & je céde à mon ſort.
Athamas en quittant la vie,
Fit venir Hellé dans ma Cour,
Et remit à mes ſoins cette fille chérie :
J'ai dû remplir ſes vœux juſqu'à ce jour.
Mais dois-je conſentir qu'un criminel amour
M'enléve le héros, dont je porte la chaîne.
Non, l'ingrate cauſe ma peine,
Je veux l'accabler à mon tour.

AIR.

Tranſports jaloux, rage implacable,
Voici le moment d'éclater.

Furie ardente, impitoyable,
Ne crains pas de me tourmenter.
Malgré l'horreur de mon ſupplice,
O barbare divinité !
Je veux devenir ta complice,
Et t'égaler en cruauté.
Mes fureurs ſont trop légitimes,
Oui, ſur un couple que je hais,
Je veux, multipliant mes crimes,
Lancer tes plus horribles traits.

Tendre amitié, tu fis autrefois mon bonheur;
De roſes tu ſemas le printems de ma vie :
Ta voix ſeule régloit le penchant de mon cœur;
Et de ta douce paix, mon ame étoit remplie.
Je connois le bien que je perds,
Même en abjurant ton empire ;
Mais dans la fureur qui m'inſpire,
Je n'implore que les enfers.

*ISMÉNE.*

Reine, contraignez-vous, la Princeſſe s'avance.

*INO.*

Va, ne crains rien, une ſûre prudence
M'apprend à maîtriſer mon langage & mes traits :

Ne pourrai-je obtenir jamais
Sur mon cœur la même puiſſance ?

## SCÊNE II.

HELLÉ, ET LES ACTEURS PRECÉDENTS.

*INO.*

De votre amant vous ſçavez le retour ;
Il arrive en ces lieux ſuivi de la victoire :
Il vient vous préſenter les lauriers de la gloire ;
Parez ſon front des mirthes de l'amour.
Le ſoin du thrône en ce moment m'appelle ;
Celui de préſider aux plaiſirs de ma Cour,
Je le confie à votre zèle.

## SCÊNE III.

HELLÉ, IPHISE.

( *Chœur des Thébains derriere le Théâtre.* )

*LE CHŒUR.*

CHantons le plus grand des Héros :
Que ſon nom fameux retentiſſe :
Il eſt pour nous un Dieu propice
Qui nous ramene le repos
Par ſa valeur & ſa juſtice.

*HELLÉ.*

Je vais voir mon amant, ſemblable aux demi Dieux
Deſcendre du char de Bellonne.
Chere Iphiſe, entends-tu ce Peuple qui m'ordonne,
D'adorer le mortel qui nous rend tous heureux.

AIR.

Que je te dois d'encens, arbitre de la guerre !
Tu me rends un Héros, un amant, un vainqueur.
Mars n'eſt plus à mes yeux le fléau de la terre :
Je ne vois plus en lui que le Dieu du bonheur.
Que dis-je… ah ! malgré moi de ſecrettes allarmes
M'arrachent encor des ſoûpirs :

De mes plus doux plaisirs
Je ne sçais quelle crainte empoisonne les charmes.

*IPHISE.*

Qui pourroit vous causer de nouvelles frayeurs ?

*HELLÉ.*

As-tu donc oublié la haine & les fureurs
De mon orgueilleuse Rivale ?
Tu connois Elphénor ; tu connois mes malheurs ;
Tu sçais avec Ino son union fatale ;
Peux-tu me demander d'où viennent mes terreurs ?

*IPHISE.*

Craignez moins Elphénor ; redoutez moins la Reine :
Ministre du destin, mais soumis à sa loi,
Que pourroit Elphénor, pour seconder sa haîne ?
Croyez le Peuple, croyez-moi :
D'Athamas votre pere, on chérit la mémoire :
On sçait que ce grand Roi
Au généreux Arsame a promis votre foi.

*HELLÉ.*

Tu ne sçais pas encore où peut aller la rage
D'une femme jalouse, & qu'un refus outrage :
Hélas ! en cet affreux instant,
Qu'il accepte, ou refuse une nouvelle chaîne,

Je perdrai toujours mon amant:
S'il ôſe dédaigner la Reine,
D'un refus imprudent, ardente à ſe venger,
Je la vois ſaiſiſſant le poignard de la haîne,
Dans ſon cœur palpitant, tout entier le plonger.

AIR.

Inéxorable ennemie,
Arrête, & dans ta furie,
De mon ſang fais couler les flots;
Mais pour prix de ſes grands travaux,
Reſpecte du moins la vie
Du plus vaillant des Héros.

Inéxorable ennemie, *&c.*

( *On entend ici le bruit de la Marche.* )

*IPHISE.*

Les cris de ces Guerriers vous annoncent Arſame.

*HELLE.*

Oui, c'eſt lui; je le ſens aux tranſports de mon ame.
Mes craintes, mes ſoupçons, mes pleurs, mon déſeſpoir,
Tout diſparoît, tout céde au plaiſir de le voir.

# SCÊNE IV.

HELLÉ, IPHISE, NEPTUNE, *ſous la figure d'*ARSAME.

(SUITE *de* GUERRIERS *qui portent des Trophées.*)

(MARCHE *des* GUERRIERS *qui précédent Arſame.*)

(*Les* GUERRIERS *ſe rangent au fond du Théâtre.*)

LE CHŒUR.

JUſqu'aux Cieux, élevons nos voix :
Chantons, chantons, ſa gloire & ſes exploits,
Sous ſes traits, ſous ſes coups,
Les vaincus tombent tous ;
Il répand l'épouvante
Et l'horreur,
Et la mort effrayante
Vole toûjours devant ce vainqueur.
Dans ces lieux, avec l'Amour,
Précédé de la Victoire :
Ce Héros couvert de gloire,
Avec la paix eſt de retour.
De lauriers ornons ſa tête,
Préparons lui la plus brillante fête :

Amour, tendre amour,
Dans ce beau jour,
Par tes plus doux bienfaits
Aſſure ſon bonheur pour jamais.

*ARSAME.*

Enfin je vous revois ; de mon bonheur extrême
Le ſort, charmante Hellé, cèſſe d'être jaloux:
Ah! combien je ſouffrois quand j'étois loin de vous!
Combien je ſuis heureux auprès de ce que j'aime!

*HELLÉ.*

Quoi l'abſence n'a point affoibli votre ardeur!
Arſame, ah! pardonnez ſi je tarde à le croire:
On peut douter de ſa victoire
Quand le bien qu'elle aſſure eſt d'un prix ſi flateur.

*ARSAME.*

Peut-on rompre des nœuds qui furent votre ouvrage?
Non, chere Hellé, non votre image
Ne m'abandonnoit point au milieu des combats.
Elle ſeule animoit mon courage & mon bras.
C'eſt à vous que je dois l'honneur de ma victoire;
Je viens vous l'offrir en ce jour.
L'Amour m'a conduit à la gloire,
La Gloire me rend à l'Amour.

*IPHISE.*

*IPHISE.*

Seigneur, ce peuple heureux à qui votre courage,
D'une tranquille paix à rendu la douceur,
Vient vous présenter pour hommage
Le spectacle de son bonheur.

(*On danse.*)

# SCÊNE V.

INO, ET LES ACTEURS PRÉCÉDENS.

*INO.*

IL est temps de finir vos jeux :
Allez de vos succès rendre graces aux Dieux.

# SCENE VI.

*INO, seule.*

JE n'écoûte plus que ma rage,
Il ne me reste plus d'espoir ;
J'ai la perfide qui m'outrage,
J'ai ma Rivale en mon pouvoir.
Je n'écoute plus que ma rage,
Il ne me reste plus d'espoir.

Mais peut-être qu'une couronne
Pourroit toucher Arſame en brillant à ſes yeux:
Peut-être que l'éclat du Thrône
Pourroit flatter ſon cœur ambitieux.

AIR.

O jeune héros que j'adore,
Ne dédaigne pas mes bienfaits,
Si tu trompes mes vœux encore,
Tu me réponds de mes ſorfaits.

Elphénor de ſon art terrible,
M'a promis les ſecours puiſſants.
Séparons d'abord ces amants.
Loin de l'objet qui rend ſon cœur ſenſible,
Arſame ſe rendra peut être à mes bienfaits.
Oui, ſi pour cette ame infléxible,
Mon ſceptre même eſt ſans appas:
Vengeance, contre l'inſenſible,
De ton poignard arme mon bras.
Comme lui je ſerai cruelle,
Son ſang coulera ſous ma main,
Et du moins au cœur du rebelle,
Ce fer peut m'ouvrir un chemin.

*FIN DU PREMIER ACTE.*

# ACTE SECOND.

*Le Théâtre repréſente le Palais d'*INO*, Reine de Thebes. Ce Palais s'embrâſe.*

## SCÊNE PREMIÈRE.

ARSAME *ſeul parcourant le Théâtre d'un air agité.*

RÉCITATIF OBLIGÉ.

OU vais-je ? ô Ciel ! où trouver mon amante ?
D'un œil avide & curieux,
Envain pour la chercher j'ai parcouru ces lieux ;
Faut-il languir toûjours dans l'horreur de l'attente?
Sans cèſſe inquiet, allarmé,
Je crains, j'eſpere, je déſire,

Et dès l'instant que j'ai formé
Des vœux pour le bien ou j'aspire,
De noirs soupçons viennent détruire
L'espoir dont je m'étois flatté.
Ne puis-je donc calmer la violence
Des transports différens dont je suis agité ?
Quoi, j'ai les Mers sous ma puissance,
J'appaise les vents déchaînés :
D'un seul mot les flots mutinés
Rentrent sous mon obéissance.
Quoi ! Neptune ne peut calmer la violence
Des transports différens dont il est agité !...
Mais quels soupçons pourroient allarmer ma constance !
On m'aime ; rien ne manque à ma félicité.

ARIETTE.

Ma flamme éclate, & je brave l'orage ;
Je suis aimé de l'objet qui m'engage ;
Le calme renaît dans mon cœur.
Triomphe amour, couronne mon ardeur.
Unique objet de ma tendresse,
L'Amour à nos vœux s'intéresse ;
Envain ta rivale t'outrage,
Méprise sa rage.
Ma flamme éclate, & je brave l'orage :

Hellé, tu chéris mon hommage,
Ton cœur est à moi sans partage,
Le calme renaît dans mon cœur,
Triomphe amour, couronne mon ardeur.

Mais Ino dans ces lieux s'avance;
Demeurons, est-ce à moi de craindre sa présence?

# SCÈNE II.

INO & ARSAME.

*INO.*

SEigneur, lorsque la paix dans le sein des plaisirs
Enchaînoit à ma Cour votre illustre courage,
La main d'Hellé fut le seul avantage
Où se devoient borner tous vos désirs;
Mais aujourd'hui que la victoire
Peut vous placer au rang des Rois les plus fameux,
On doit espérer que la gloire
Pour des nœuds plus brillans rompra vos premiers nœuds.

*ARSAME.*

Reine vous connoissez combien Hellé m'est chere.

*INO.*

Préférez-vous au thrône une ardeur passagere?
Auroit-elle pour vous un charme si flateur,

Et le ſoin de veiller au bonheur de la terre,
Ne vous paroît-il pas plus digne d'un grand cœur?

*ARSAME.*

Ah! la gloire n'a point de charmes,
Son laurier eſt trop acheté,
S'il faut qu'il en coûte des larmes
A la beauté.

*INO.*

Quoi! ſi dans ce grand jour une Reine puiſſante
Vous offroit ſon ſceptre & ſa main,
Toujours fidéle à votre amante,
Vous pourriez refuſer un auſſi beau deſtin...

*ARSAME.*

J'en jure par le ſtix, j'en jure par moi-même,
Pour m'engager à trahir ce que j'aime,
On m'offriroit envain
Du ſouverain des Dieux la puiſſance ſuprême.
Qu'eſt-elle au prix du cœur de la beauté que j'aime!
La beauté qui ma ſçu charmer,
Eſt le ſeul bien que je déſire,
Tout mon bonheur eſt de l'aimer,
Et lui plaire, vaut un empire.
Arſame oſe élever ſes vœux

Même au-dessus du diadême,
Hellé le met au rang des Dieux
Quand Hellé lui dit, je vous aime.

*INO.*

Je voulois d'un héros éprouver la constance,
Je vois que ses vertus égalent sa vaillance;
Le prix que je lui dois est de le rendre heureux.
De l'espoir le plus doux que votre cœur jouisse;
Et puisque votre amante a pour vous tant d'attraits,
Je consens qu'aujourd'hui votre himen s'accomplisse,
Allez de cette fête ordonner les apprêts.

(*ARSAME se retire.*)

# SCENE III.

*INO seule, regardant sortir ARSAME.*

VA, cours ingrat, cours à ta perte;
Frémis de m'avoir fait rougir :
La main que je t'avois offerte,
Ne cherche plus qu'à te punir.
L'amour jaloux jure ta perte,
Et rien ne peut t'en garantir.

## SCÈNE IV.

INO & ELPHENOR.

*INO.*

TOi, dont la ſuprême puiſſance
M'a promis d'heureux ſecours.
Viens Elphenor ! accours... accours !..
C'eſt trop différer ma vengeance :
Viens punir la rivale & l'ingrat qui m'offenſe ;
Viens au gré de ma haîne, empoiſonner leurs jours.
( *On entend un bruit ſouterrain. Des flammes tombent du Ciel, d'autres s'élancent des Enfers.*)
Je triomphe, l'enfer à me ſervir s'apprête.
( *Avec effroi.* )
Quels gouffres ſous mes pieds ! & quels feux ſur ma tête :

LE CHŒUR, *ſous le Théâtre.*

Qu'à notre voix, tout s'écroule en ces lieux ;
Que tout ſe change en un déſert affreux.

( *Le Palais s'abîme : INO apperçoit des ruines dans les côtés du Théâtre.*)

*INO, effrayée.*

Ah ! trop fatale colere,

Je

Je pâlis, je frémis.
L'enfer va détruire la terre.

*CHŒUR, sous le Théâtre.*

Deffens ton cœur
De la terreur.

*INO tombante avec effroi.*

Dieux! quelle horreur m'environne,
(*Les feux cessent, & l'obscurité succéde.*)
O fureurs!
Dieux vengeurs!
O Dieux! la force m'abandonne.

LE *CHŒUR.*

Deffens ton cœur
De la terreur.

*INO, revenant à elle.*

Viens soutenir mon cœur,
O puissant enchanteur!
Viens me rendre ma fureur.

LE *CHŒUR.*

Deffens ton cœur,
De la terreur,
Nous allons servir ta fureur.

(ELPHENOR *paroît sortant des enfers au milieu des flâmes, & au bruit du tonnerre.*)

*ELPHENOR.*

Grande Reine ordonnez ; dans les profonds abîmes
Nous allons à l'inſtant entraîner vos victimes :
Pour ſervir vos reſſentimens,
Nos fureurs ſont trop légitimes ;
Arſame va périr dans de cruels tourmens.

*INO.*

Arrête !.. ah ! prends pitié du trouble de mon ame ;
Suſpends, ſuſpends tes terribles ſecours,
Ou du moins épargne les jours
De l'ingrat du perfide Arſame :
Des enfers déchaînés, épuiſe le courroux
Sur la rivale qui m'offenſe ;
Je l'abandonne à ta vengeance,
Laiſſe ſur elle ſeule appéſantir tes coups.

*ELPHENOR.*

De mon zèle en ce jour, vous devez tout attendre.
O vous ! que le Ciel fait dépendre
Et de mon art, & de mes loix,
Eſprits, Démons, accourez à ma voix.

*ELPHENOR ET LE CHŒUR.*

(*Pendant qu'*ELPHENOR *invoque les Enfers, pluſieurs Démons en ſortent & ſe rangent autour de lui ; le Théâtre devient plus obſcur.*)

Qu'à nos cris la terre frémiſſe,
Portons l'effroi dans tous les cœurs,
Qu'à nos voix l'Enfer obéiſſe,
Et rempliſſe ces lieux d'horreurs.

*( L'obſcurité devient générale, & l'on n'apperçoit plus de clarté, que celle que procure le feu ſortant des Enfers. )*

Nuit, effrayante nuit, viens ſur le char des ombres;
Étends ſur l'Univers tes voiles les plus ſombres:
Que tout ſe taiſe, & qu'un ſilence affreux
Regne dans toute la Nature ;
Nos voix perceront mieux juſqu'en la nuit obſcure
Du ſéjour ténébreux.

*( Pluſieurs Démons ſe précipitent dans les Enfers, & reparoiſſent accompagnés de la Vengeance tenant une urne de laquelle* ELPHENOR *tire pluſieurs chiffres hiérogliphiques, les raſſemble, & il dit, en les examinant ; )*

Mais que vois-je ? eſt-ce un Dieu qui nous livre la guerre ?
Je ne me trompe pas ; une inviſible main
Protége la coupable... elle ſe flatte envain ;
Les flots nous ſerviront au deffaut du tonnerre:
Deja les vents fougueux font retentir les airs ;

Une tempête horrible
Trouble le ſein des Mers,
Et ſur leurs gouffres entrouverts,
Je vois votre rivale en ce moment terrible;
Victime abandonnée à la fureur des flots...
Triomphez... elle eſt prête à périr ſous les eaux.

*INO, ELPHÉNOR & LE CHŒUR.*

Hâtons le ſort que le Ciel lui prépare,
Des Dieux trop lents, précipitons les coups:
Non, ce n'eſt point être barbare,
Que d'avancer l'effet de leur juſte courroux.

*ELPHÉNOR.*

Mais je prévois que dans ces lieux
Votre rivale va ſe rendre,
Pour faire réuſſir ce que j'oſe entreprendre,
Vous devez éviter de paroître à ſes yeux.

## SCÈNE V.

ELPHENOR, HELLÉ

*HELLÉ, ſans voir* ELPHENOR.

Fille du Ciel, douce eſpérance,
Des malheureux vous êtes le recours;

Pour calmer mon impatience,
J'ai besoin de votre secours;
Défendez l'amant que j'adore
De mes soupçons injurieux;
Laissez-moi me flater encore,
Qu'il brûle de ses premiers feux.

Fille du Ciel, *&c.*

J'apperçois Elphenor, & puisqu'il se présente,
Sur mon amour je vais l'interroger.
Devois-je craindre hélas! qu'Arsame pût changer;
Mais que ne craint pas une amante!
Allons: je veux m'éclairer sur mon sort;
Dieux quel pressentiment!... je tremble à son abord.

(*à* ELPHENOR.)

Vous, dont l'art puissant & terrible
Pénétre du destin les éternels décrets,
Daignez d'une amante sensible,
Dissiper les troubles secrets:
Je crains qu'Arsame ne préfere
Le vain éclat du thrône, aux sermens qu'il m'a faits;
L'offre d'un sceptre à de quoi plaire.
Hélas! je crains que mon amant....

*ELPHENOR.*

Ah! votre crainte n'est point vaine;

Arſame vous trahit, il adore la Reine.
A ſes genoux en ce moment
Il lui fait le ſerment
D'une éternelle tendreſſe.

*HELLÉ.*

Qu'ai-je entendu? quel coups de foudre! ô Dieux!
Mais puis-je vous en croire?

*ELPHENOR.*

Ah croyez-en vos yeux,
Et ce cri, qui du peuple annonce l'allégreſſe.

(*Le fond du Théâtre s'ouvre, & l'on apperçoit dans l'éloignement deux Démons ſous la figure d'ARSAME & d'INO, vis-à-vis un Autel. Le Peuple eſt rangé autour d'eux, & chante ce Chœur.*)

*LE CHŒUR.*

Vive à jamais, vive le ſouverain,
Que Jupiter dans ſa clémence
Accorde à ſon peuple Thebain:
Élevons juſqu'aux Cieux notre reconnoiſſance.

(*HELLÉ veut s'avancer vers le Temple qu'elle apperçoit, & dans l'inſtant le fond du Théâtre ſe referme.*)

HELLÉ.

Tout disparoît; quel est ce prestige imposteur ?
De cette illusion, serois-je la victime ?
Non, mon amant n'est pas fait pour le crime;
Non, mes yeux m'abusoient, je n'en crois que mon cœur.
Pardonnez, mais je doute encor de mon malheur,
Ne pourrais-je revoir cette fête terrible...

ELPHENOR.

Que me demandez-vous ?

HELLÉ.

Je sçais que ma douleur
N'en deviendra que plus horrible;
Mais ce spectacle au moins chassera de mon cœur
L'ingrat qui me trahit.. ah! trop coupable Arsame,
Je n'avois jamais craint de te trouver trompeur.
De grace répondez au désir de mon ame.

ELPHÉNOR.

Oui j'y consens, mais apprenez
Sous quelles loix je puis remplir votre espérance:
Quelques soient les tourmens qui vous sont destinez,
Le destin vous impose un absolu silence;
Si d'un seul mot, si d'un soûpir
Vous trahissez ce terrible mystere,
Frémissez, les Enfers s'arment pour vous punir,

Et tout mon art ne pourra vous souſtraire
Aux effroyables maux qu'il vous faudra ſouffrir.

*HELLÉ.*

Je vous promets de me contraindre,
Je remplirai l'ordre des Cieux.
Et que me reſte-il à craindre :
Eſt-il de maux plus rigoureux,
Que ceux que je reſſens en ces momens affreux !

*ELPHENOR.*

Eh bien, de leurs tranſports, de leur tendreſſe extrême,
Vous allez être le témoin ;
Mais obſervez-vous avec ſoin :
Telle eſt du Ciel la volonté ſuprême.

(*Le Théâtre repréſente un Bocage. Les deux mêmes Démons, toujours ſous la figure d'*Ino *& d'*Arsame*, ſont aſſis à côté l'un de l'autre. Des Bergers les entourent & forment des danſes.*)

*HELLÉ.*

Je le vois, c'eſt l'ingrat que j'aime. (*On danſe.*)

*CHŒUR de* Bergers.

C'eſt ici le ſéjour
Du doux repos & du tendre amour.

Bergers aimez tous en ce jour,
Vous jouiſſés d'un bien ſuprême,
Puiſque la paix eſt de retour.
Tout dit ici que l'on eſt heureux quand on aime.

*FIN DU SECOND ACTE.*

# ACTE TROISIEME.

*Le Théâtre représente un Bocage agréable.*

## SCÊNE PREMIERE.

*HELLÉ, seule.*

DIEUX qu'ai-je vû ! non, il n'est pas possible :
Non, le héros qu'avoit choisi mon cœur,
Arsame, ... qui devoit faire tout mon bonheur,
Pour une autre que moi ne peut être sensible.
Que dis-je hélas ! d'un œil trop curieux
Aux genoux de mon ennemie,
N'ai-je pas vû l'ingrat qui m'a trahie ?
N'ai-je pas vû leurs transports odieux ?
N'ai-je pas lû dans leurs perfides yeux

Leur crime, leur amour, le malheur de ma vie!
Ah! pour jamais, abandonnons ces lieux.

A I R.

Loin d'ici je pourrai peut-être
Oublier l'ingrat à mon tour;
Il ne pourra du moins connoître,
Quel eſt l'excès de mon amour.

# SCENE II.

HELLÉ & NEPTUNE *sous la figure d'*ARSAME.

*ARSAME.*

JE vous revois enfin, adorable Princesse,
Je vous revois pour ne plus vous quitter.
Le plus beau thrône de la Grece,
La gloire, les honneurs, rien ne peut me tenter.
Oui, c'est envain que tout conspire
A m'assurer le plus brillant destin,
Dans l'Univers entier, rien ne peut me séduire
Que votre cœur & votre main.

*HELLE.*

Eh! quoi, loin de rougir de votre perfidie,
A ma douleur encor vous osez insulter?

*ARSAME.*

O Dieux!

*HELLÉ.*

Ne croyez pas qu'outragée & trahie
A des reproches vains, je me laisse emporter.

## DUO DIALOGUÉ.

*HELLÉ.*

Vivez heureux, ſi votre ardeur nouvelle
Doit aſſurer votre bonheur :
Victime hélas ! de mon erreur,
Loin de vous, je mourrai fidelle.

*ARSAME.*

Ah ! demeurez : non, je ne puis cruelle
Recevoir ces triſtes adieux ;
Devant vous j'atteſte les Dieux,
Arſame n'eſt point infidèle.

DUO.

HELLÉ.

Dieux témoins comme moi de la fête cruelle
Dont l'aſpect enflamma mon déſeſpoir jaloux,
Contre ſon ardeur criminelle
Je reclame votre courroux.

ARSAME.

Dieux garans comme moi de mon ardeur fidelle,
Diſſipez ſes ſoupçons & ſes tranſports jaloux.
Pour prix d'une flamme ſi belle,
Calmez une amante en courroux.

*HELLÉ.*

Que fais-je, ah ! malgré-moi je ſuis ſenſible encore
A cet amour que vous voulez trahir.

*ARSAME.*

De ma fidélité, pourquoi douter encore ?
Jamais mon cœur ne pourra vous trahir.

## *ENSEMBLE.*

| HELLÉ. | ARSAME. |
|---|---|
| Ah ! quel tourment, | Ah ! quel tourment, |
| Perfide Arſame, | Calmez votre ame, |
| Non, non, mon ame | Non, non, Arſame |
| Brûle pour un inconſtant. | Ne ſauroit être inconſtant. |

## *HELLÉ.*

A ma douleur laiſſez-moi me ſouſtraire,
A jamais je dois vous fuir.

## *ARSAME.*

Me fuir. Ciel !... j'entrevois un horrible myſtere :
Je frémis d'y penſer, & je cours m'éclaircir.

(*Il ſort.*)

## SCÈNE III.

HELLÉ.

(*CHŒUR derriere le Théâtre.*)

LE *CHŒUR.*

LA Mer eſt calme & tranquille,
Les Aquilons fougueux reſpectent ſon repos:
Zéphir ſeul, regne ſur les eaux,
Et nous offre un trajet facile.

*HELLÉ.*

J'entends, il faut quitter à jamais ce ſéjour;
Que ne puis-je y laiſſer un malheureux amour.

(*Le Théâtre repréſente une Plage, on y voit des Vaiſſeaux.* HELLÉ *ſuivie d'*IPHISE, *monte ſur un de ces Vaiſſeaux qui s'éloigne inſenſiblement.*)

*Repriſe du* CHŒUR.

La Mer eſt calme & tranquille,
Les Aquilons fougueux reſpectent ſon repos:
Zéphir ſeul, regne ſur les eaux,
Et nous offre un trajet facile.

## SCÈNE IV.

ELPHÉNOR, INO.

*ELPHÉNOR.*

JE vous l'avois promis : votre Rivale
Vous délivre en fuyant d'une crainte fatale.

*INO.*

Non, mon cœur, Elphénor,
N'eſt point tranquille encor;
Je tremble tant qu'Hellé reſpire,
Sa mort ſeule peut me ſuffire.

*ELPHÉNOR.*

Il faut de votre cœur aſſurer le repos;
Je l'ai promis, je ne puis m'en dédire.

Eſprit ſoumis à mon empire,
Hâtez-vous, ſoulevez les flots,
Ino le veut, c'eſt à vous d'y ſouſcrire;
La mort ſeule d'Hellé peut terminer ſes maux,
Servez la fureur qui l'inſpire.

(*ELPHENOR s'en va.*)

*LE CHŒUR.*

Hâtons-nous, ſoulevons les flots,
Ino le veut, ſervons la fureur qui l'inſpire :
La mort ſeule d'Hellé peut terminer ſes maux,
Servons la fureur qui l'inſpire.

(*La Mer s'agite.*)

*INO.*

Ah ! ma vengeance enfin a commencé ;
Meurs téméraire rivale,
Vas, dans la nuit infernalle,
Porter ton amour inſenſé.

(*La tempête augmente.*)

*CHŒUR de Matelots.*

Quelle rage ! quelle fureur,
Rien ne peut nous défendre.

*INO.*

Que ces cris plaiſent à mon cœur,
Que j'aime à les entendre !

INO.

Oui, périſſez tous,
L'ardeur qui m'anime
Hâteroit les coups,
Qui vous plongent tous.
Au fond de l'abîme,
Oui, périſſez tous.

CHŒUR *de Matelots.*

Nous périſſons tous.
Sort qui nous opprime,
Modere tes coups.
Grands Dieux ſauvez-nous.
Au fond de l'abîme
Nous périſſons tous.

Oui, périſſez tous, &c.

*INO seule.*

Les vents mugiſſent,
Les ondes en courroux
S'élevent & frémiſſent;
Que les Mers engloutiſſent
L'objet de mes tranſports jaloux.

LE *CHŒUR.*

Nous périſſons tous, *&c.*

## SCÈNE V.

NEPTUNE *sous la figure d'ARSAME*, INO.

*ARSAME.*

QU'entends-je ! quel affreux orage !
Et quel pouvoir audacieux !...

*INO.*

Reconnois les fureurs de l'amour qu'on outrage,
Hellé va périr.

*ARSAME.*

Ciel !

*CHŒUR derriere le Théâtre.*

Sauvez Hellé, grands Dieux !

*ARSAME.*

Hellé ! qu'entends-je ? ô Ciel ! cessez vents furieux.
(*La tempête s'appaise.*)

*INO.*

Sa mort enfin rend le calme à mon ame.

*ARSAME.*

C'est à toi seule de mourir,
Et périsse avec toi ta criminelle flamme :

Connois Neptune dans Arſame,
Rien ne peut plus te ſecourir.

*I N O.*

C'en eſt fait, & je céde au deſtin qui m'opprime;
Je ſens que les Enfers demandent leur victime.
Vous témoins de mes maux, apprenez en ce jour
Qu'il faut braver la mort, & redouter l'amour.

(*Elle ſe tue, on l'emmene.*)

*A R S A M E.*

Divinités des Ondes,
Reconnoiſſez ma voix;
Quittez vos retraites profondes,
Et conduiſez ici l'objet dont j'ai fait choix.

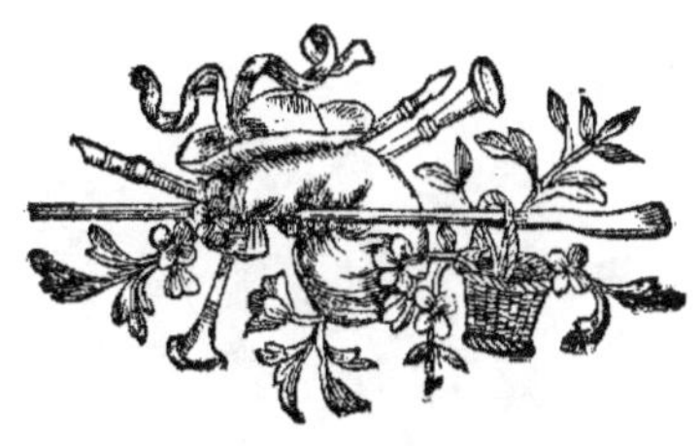

# SCÈNE VI.

*Le Char de* NEPTUNE *sort du sein des eaux, portant* HELLÉ *& sa Suite.*

HELLÉ *évanouie, & sans connoissance.*

IPHISE.

HELLÉ *revenant à elle.*

RÉCITATIF OBLIGÉ.

OU sommes nous ? quelle main secourable
Vient de nous arracher à cet orage affreux !
Je renais, je vois luire un jour plus favorable;
Amour, sans tes rigueurs j'en rendrois grace aux
Dieux.

## SCÊNE DERNIERE.

HELLÉ, NEPTUNE.

*Le Théâtre change, & représente le Palais de* NEPTUNE.

LES DIEUX DE LA COUR DE NEPTUNE.

*MARCHE.*

LE *CHŒUR.*

Rendons hommage à notre Souveraine,
Célébrons ses attraits vainqueurs.
Ah! qu'il est doux d'avoir pour Reine
L'objet qui charme tous les cœurs.

*HELLÉ reconnoissant* ARSAME.

Que vois-je! est-ce une erreur? en croirai-je mes yeux.

*NEPTUNE.*

Vous voyez, chere Hellé, dans un amant fidèle,
Le frere du maître des Dieux.

HELLÉ,

Cher Arſame ! eſt-ce vous, ô jour, ô jour heureux !
Quoi ! vous ne brillez pas d'une flamme nouvelle !

ENSEMBLE.

Je ne puis adorer que vous,
Régnez à jamais ſur mon ame :
Ah ! que mon bonheur ſera doux,
S'il eſt auſſi pûr que ma flamme.

NEPTUNE.

Ces Mers dont vous venez d'éprouver la fureur,
Porteront votre nom, & feront votre empire.

HELLÉ.

Que m'offrez-vous ? je ne déſire
Que l'empire de votre cœur.

NEPTUNE.

De mon amour ces biens ſeront le gage ;
Mais daignez recevoir l'hommage
De ces Dieux charmés de mon choix.

LE *CHŒUR.*

Chantons l'amour, chantons ſa gloire,
Qu'il regne ſur nos cœurs; qu'il triomphe en tous lieux:
Applaudiſſons à la victoire,
Que vient de remporter le plus puiſſant des Dieux.

FIN.

## *APPROBATION.*

J'AI lu, par ordre de Monſeigneur le Chancelier, l'Opéra *d'*HELLÉ, dont on peut permettre l'impreſſion.

A Paris, le 28 Décembre 1778.

BRET.

www.ingramcontent.com/pod-product-compliance
Lightning Source LLC
LaVergne TN
LVHW010006230826
846092LV00002B/673